Perl 5
Schnellübersicht

Johan Vromans

*Deutsche Übersetzung
von Holger Lubitz*

O'REILLY™

Cambridge • Köln • Paris • Sebastopol • Tokyo

Die Information in diesem Buch wurde mit größter Sorgfalt erarbeitet. Dennoch können Fehler nicht vollständig ausgeschlossen werden. Verlag, Autoren und Übersetzer übernehmen keine juristische Verantwortung oder irgendeine Haftung für eventuell verbliebene fehlerhafte Angaben und deren Folgen.
Alle Warennamen werden ohne Gewährleistung der freien Verwendbarkeit benutzt und sind möglicherweise eingetragene Warenzeichen. Der Verlag richtet sich im wesentlichen nach den Schreibweisen der Hersteller. Das Werk einschließlich aller seiner Teile ist urheberrechtlich geschützt. Alle Rechte vorbehalten einschließlich der Vervielfältigung, Übersetzung, Mikroverfilmung sowie Einspeicherung und Verarbeitung in elektronischen Systemen.

Kommentare und Fragen können Sie gerne an uns richten:
O'Reilly Verlag
Balthasarstraße 81
50670 Köln
Tel.: 0221/9731600
Fax: 0221/97316015
E-Mail: kommentar@oreilly.de

Copyright der deutschen Ausgabe:
© 1. Auflage 1996 by O'Reilly/International Thomson Verlag GmbH & Co KG
© 1. korrigierter Nachdruck Juni 1997 by O'Reilly Verlag

Die Originalausgabe erschien 1996 unter dem Titel
Perl 5 Desktop Reference im Verlag O'Reilly & Associates, Inc.

Die Deutsche Bibliothek - CIP - Einheitsaufnahme

Vromans, Johan:
Perl-5-Schnellübersicht / Johan Vromans. Dt. Übers. von Holger Lubitz - 1. Aufl. -
Bonn: O'Reilly, Internat. Thomson-Verl., 1996
       Einheitssacht.: Perl 5 desktop reference <dt.>
       ISBN 3-930673-50-9

Übersetzung und deutsche Bearbeitung: Holger Lubitz
Lektorat: Elke Hansel, Bonn
Satz: Wolfram's Doku-Werkstatt, Attenkirchen
Umschlaggestaltung: Edie Freedman, Boston
Belichtung: Wolfram's Doku-Werkstatt, Attenkirchen
Produktion: TYP*isch* Müller, München
Druck und buchbinderische Verarbeitung: Freiburger Graphische Betriebe

ISBN 3-930673-50-9

Dieses Buch ist auf 100% chlorfrei gebleichtem Papier gedruckt.

Inhalt

Seite

Typografische Konventionen in diesem Buch 1
Optionen auf der Kommandozeile 1
Literale 3
Variablen 5
Operatoren 6
Anweisungen 8
Unterroutinen, Pakete und Module 9
Objektorientierte Programmierung 11
Arithmetische Funktionen 12
Umwandlungsfunktionen 12
Strukturumwandlungen 13
Stringfunktionen 14
Array- und Listenfunktionen 16
Reguläre Ausdrücke 18
Suche- und Ersetze-Funktionen 20
Dateitestoperatoren 22
Dateioperationen 23
Ein-/Ausgabe 25
Formate 28
Funktionen zum Lesen von Verzeichnissen 30
Interaktion mit dem System 30
Netzfunktionen 32
System V IPC 33
Diverses 35
Information aus Systemdateien 36
Spezielle Variablen 38
Spezielle Felder 41
Umgebungsvariablen 42
Der Perl-Debugger 42

Perl 5 Schnellübersicht

Typografische Konventionen in diesem Buch

Fett	bezeichnet Text, den Sie wörtlich eingeben.
Kursiv	bezeichnet variablen Text, den Sie einfügen.
Kursiv†	gibt an, daß Kursivschrift weggelassen werden darf und dann den Defaultwert $_ annimmt.
Wort	ist ein Schlüsselwort, d.h. ein Wort mit besonderer Bedeutung.
RETURN	bezeichnet das Drücken einer Taste.
[...]	bezeichnet einen optionalen Teil.

Optionen auf der Befehlszeile

-a	aktiviert zusammen mit **-n** oder **-p** den Autosplit-Modus. Es trennt dabei bei **@F**.
-c	überprüft nur die Syntax, führt das Programm aber nicht aus.
-d	führt das Skript unter dem Debugger aus. Verwenden Sie **-de 0**, um den Debugger ohne ein Skript zu starten.
-D *Zahl*	setzt Debug-Flags.

-e *befehlszeile*

    kann verwendet werden, um eine einzelne Zeile zu übergeben. Die Option **-e** kann auch mehrfach eingesetzt werden, um ein mehrzeiliges Skript aufzubauen.

-F *regausdr*   spezifiziert einen regulären Ausdruck zum Splitten, wenn **-a** aktiv ist.

-i*erweiterung* editiert Dateien, die vom Konstrukt < > verarbeitet werden, an Ort und Stelle.

-I*verzeichnis* sagt dem durch **-P** aufgerufenen C-Präprozessor, wo Include-Dateien gesucht werden sollen. Dieses Verzeichnis wird **@INC** vorangestellt.

-l [*Oktalzahl*]

    aktiviert die automatische Zeilenendeerkennung, beispielsweise -l013.

-n   umgibt Ihr Skript mit einer Eingabeschleife. Die Zeilen werden nicht ausgegeben.

-p   umgibt Ihr Skript mit einer Eingabeschleife. Die Zeilen werden ausgegeben.

-P   läßt das Skript durch den C-Präprozessor laufen, bevor es von Perl kompiliert wird.

-s   interpretiert **-xxx** auf der Kommandozeile als einen Schalter und setzt die Umgebungsvariable **$xxx** für das Skript.

-S   sucht das Skript im durch die Umgebungsvariable **PATH** definierten Pfad.

-T   erzwingt strenge Überprüfung.

-u   erzwingt einen Coredump, nachdem das Skript kompiliert wurde. Zur Verwendung mit *undump*(1) (sofern verfügbar).

-U   erlaubt Perl, unsichere Operationen durchzuführen.

-v	gibt Version und Patchlevel Ihres Perl-Executables aus.
-w	gibt Warnungen vor möglichen Schreibfehlern und anderen fehleranfälligen Konstrukten im Skript.
-x [*verzeichnis*]	
	extrahiert das Perl-Programm aus der Standardeingabe. Wenn *verzeichnis* angegeben wird, wird vorher in dieses Verzeichnis gewechselt.
-0*wert*	gibt den Anfangswert für den Datensatztrenner $/ vor. Siehe auch -l.

Literale

Numerisch   123 1_234 123.4 5E-10 0xff (hexadezimal) 0377 (oktal)

String   ´abc´

wörtlich zu übernehmender Text, keine Interpretation von Variablen oder Escapesequenzen außer \' und \\. Alternativ: **q/abc/**. Statt /.../ kann auch fast jedes andere Paar von Trennern verwendet werden.

"abc"

Variablen werden interpretiert und Escapesequenzen verarbeitet. Alternativ: **qq/abc/**.
Escapesequenzen: **\t** (Tab), **\n** (Newline), **\r** (Return), **\f** (Formfeed), **\b** (Backspace), **\a** (Alarm), **\e** (Escape), **\033** (oktal), **\x1b** (hexadekär), **\c[** (Control).
\l und \u wandeln das folgende Zeichen in Klein- bzw. Großschreibung um. \L und \U wandeln Zeichen in Klein- bzw. Großschreibung um, bis ein \E auftaucht. \Q quotet reguläre Ausdrücke, bis ein \E auftaucht.

`Kommando`
: wertet die Ausgabe von *Kommando* aus. Alternativ: **qx/***Kommando***/**.

Feld
: (1,2,3) ( ) ist ein leeres Feld.

    (1..4) ist äquivalent zu (1,2,3,4), auch (´a´..´z´) ist möglich. **qw/foo bar** .../ ist äquivalent zu (´foo´,´bar´,...).

Feldreferenz [1,2,3]

Hash (assoziatives Feld)

: (*schlüssel1, wert1, schlüssel2, wert2, ...*)

    Auch: (*schlüssel1* => *wert1, schlüssel2* => *wert2, ...*)

Hash-Referenz

: {*schlüssel1, wert1, schlüssel2, wert2, ...*}

Codereferenz

: **sub** { *Anweisungen* }

Dateideskriptoren

: **STDIN, STDOUT, STDERR, ARGV, DATA.**

    Benutzerdefiniert: *handle*, $*Var*.

Globs
: <*Muster*> wird in alle Dateinamen gewandelt, auf die das Suchmuster paßt. Verwenden Sie <${*Var*}> oder **glob** $*Var*, um diesen Mechanismus mit einer Variable zu verwenden.

Direktreferenz

: << *Identifikator*

    Direkt eingefügtes Dokument (wie bei der Shell).

Spezielle Token

: __FILE__: Dateiname, __LINE__: Zeilennummer, __END__: Ende des Programms, die restlichen Zeilen können unter dem Dateideskriptor **DATA** eingelesen werden.

Variablen

$Var	eine einfache skalare Variable.
$Var[28]	29. Element des Feldes @Var.
$p = \@Var	deklariert $p als Referenz auf das Feld @Var.
$$p[28]	29. Element des durch $p referenzierten Feldes. Alternativ: $p->[28].
$Var[-1]	letztes Element des Feldes @Var.
$Var[$i][$j]	$j-tes Element des $i-ten Elements des Feldes @Var.
$Var{´Feb´}	ein Wert des assoziativen (Hash-)Feldes %Var.
$p=\%Var	deklariert $p als Referenz auf das Hash-Feld %Var.
$$p{´Feb´}	ein Element des durch $p referenzierten Hash-Feldes. Alternativ: $p->{´Feb´}.
$#Var	letzter Index des Feldes @Var.
@Var	das ganze Feld, in skalarem Kontext die Anzahl der Elemente des Feldes.
@Var[3,4,5]	ein Teil des Feldes @Var.
@Var[´a´,´b´]	ein Teil von %Var, gleichwertig zu ($Var{´a´},$Var{´b´}).
%Var	ein komplettes Hash-Feld. Im skalaren Kontext ein TRUE, wenn Elemente existieren.
$Var{´a´,1,...}	emuliert ein mehrdimensionales Feld.
(´a´...´z´)[4,7,9]	ein Teil eines konstant definierten Feldes.
pkg::Var	eine Variable einer Unterbibliothek, zum Beispiel $pkg::Var, @pkg::feld.
objekt	Referenz auf ein Objekt, z.B. \$Var, \%hash.

*name   bezeichnet alle Objekte, die durch *name* bezeichnet werden.

*n1 = *n2 macht **n1** zum Alias für **n2**.

*n1 = $n2 macht **$n1** zum Alias für **$n2**.

Sie können statt eines Variablenbezeichners grundsätzlich auch einen { *Block* } verwenden, der eine passende Referenz zurückliefert, z.B. ${...}, &{...}. **$$p** ist nur eine Abkürzung für **${$p}**.

Operatoren

**	Potenzierung
+ - * /	Addition, Subtraktion, Multiplikation, Division
%	Modulodivision, ergibt Rest einer Ganzzahldivision
& | ^	bitweises UND, bitweises ODER, bitweises Exklusiv-Oder.
<< >>	bitweises Schieben nach links und nach rechts.
|| &&	logisches ODER, logisches UND
.	Verknüpfung zweier Strings
x	Liefert einen String oder ein Feld, der oder das aus dem linken Operanden (String oder Feld) besteht, der oder das so oft wiederholt wird, wie es vom rechten Operanden angegeben wird.

Alle obigen Operatoren haben eine Variante mit einem Zuweisungsoperator, beispielsweise: .=

->	Dereferenzierungsoperator
\	unäre Referenz
! ~	unäre Negation, unäres Bitkomplement
++ --	Auto-Inkrement, Auto-Dekrement
== !=	numerische Gleichheit und Ungleichheit
eq ne	Stringgleichheit und -ungleichheit

`<` `>`		numerisches kleiner als und größer als
lt **gt**		kleiner als und größer als für Strings
`<=` `>=`		numerisches kleiner (größer) als oder gleich
le **ge**		kleiner (größer) als oder gleich für Strings
`<=>` **cmp**		numerischer (String-)Vergleich. Gibt -1, 0 oder 1 aus.
`=~` `!~`		Suchmuster, Musterersetzung oder zeichenweise Ersetzung
`..`		Bereich (skalarer Kontext) oder Aufzählung (Feldkontext)
`?:`		Alternativoperator (if-then-else)
`,`		Kommaoperator, auch Trenner für Listenelemente. Sie können auch `=>` verwenden.
not		Negation niedrigen Vorrangs
and		UND niedrigen Vorrangs
or **xor**		ODER/Exklusiv-ODER niedrigen Vorrangs

Alle Perl-Funktionen können auch als Listenoperatoren verwendet werden. In diesem Fall haben sie entweder sehr hohen oder sehr niedrigen Vorrang, je nachdem, ob Sie die linke oder die rechte Seite des Operators betrachten. Nur die Operatoren **not**, **and**, **or** und **xor** haben noch niedrigeren Vorrang.

Eine „Liste" ist eine Liste von Ausdrücken, Variablen oder Listen. Statt einer Liste kann immer auch eine Feldvariable oder ein Teil eines Feldes verwendet werden.

Die Parameterlisten können dann in Klammern eingeschlossen werden, um Vorrangsprobleme zu vermeiden.

Anweisungen

Jede Anweisung ist ein Ausdruck, dem optional ein Modifikator folgt und der von einem Semikolon beendet wird. Das Semikolon kann entfallen, wenn es sich um die letzte Anweisung in einem *Block* handelt.

Die Ausführung von Ausdrücken kann von anderen Ausdrücken abhängen, wenn einer der Modifikatoren if, unless, while oder until verwendet wird, zum Beispiel:

> *Ausdruck1* if *Ausdruck2*;
>
> *Ausdruck1* until *Ausdruck2*;

Die logischen Operatoren | |, && oder ?: erlauben auch die bedingte Ausführung:

> *Ausdruck1* | | *Ausdruck2*;
>
> *Ausdruck1* ? *Ausdruck2* : *Ausdruck3*;

Anweisungen können zu einem *Block* kombiniert werden, indem sie in geschweifte Klammern { } eingebettet werden. Blöcke können dann zur Ablaufsteuerung verwendet werden:

> **if** (*Ausdruck*) *Block* [[**elsif** (*Ausdruck*) *Block* ...] **else** *Block*]
>
> **unless** (*Ausdruck*) *Block* [**else** *Block*]
>
> [*label:*] **while** (*Ausdruck*) *Block* [**continue** *Block*]
>
> [*label:*] **until** (*Ausdruck*) *Block* [**continue** *Block*]
>
> [*label:*] **for** ([*Ausdruck*] ; [*Ausdruck*]; [*Ausdruck*]) *Block*
>
> [*label:*] **foreach** *Var*† (*Liste*) *Block*
>
> [*label:*] *Block* [**continue** *Block*]

Der Programmablauf kann durch folgende Anweisungen gesteuert werden:

goto *label*   Setzt die Ausführung am angegebenen Label fort.

last [*label*]   Beendet die entsprechende Schleife unmittelbar. Überspringt den continue-Block.

next [*label*] Startet den nächsten Schleifendurchlauf.

redo [*label*] Startet den Schleifenblock neu, ohne die Schleifenbedingung neu auszuwerten.

Spezielle Formen sind:

> **do** *Block* **while** *Ausdruck*;
>
> **do** *Block* **until** *Ausdruck*;

bei denen *Block* garantiert ausgeführt wird, bevor *Ausdruck* überprüft wird, und

> **do** *Block*

wodurch *Block* effektiv in einen Ausdruck überführt wird.

Unterroutinen, Pakete und Module

&*Unterroutine Liste*

> Führt eine durch eine **sub**-Deklaration definierte *Unterroutine* aus und gibt den Wert des letzten evaluierten Ausdrucks in der *Unterroutine* zurück. *Unterroutine* kann auch ein Ausdruck sein, der eine Referenz auf ein Codeobjekt liefert. **&** kann entfallen, wenn die Deklaration der Unterroutine vor ihrer Verwendung erfolgte.

bless *Ref* [, *Paket*]

> Wandelt das referenzierte Objekt *Ref* in ein Objekt in *Paket* um und gibt die Referenz darauf zurück.

caller [*Ausdruck*]

> Gibt ein Feld ($package, $file, $line, ...) für einen bestimmten Unterroutinenaufruf zurück. **caller** liefert diese Information für die aktuelle Unterroutine, **caller(1)** für die Routine, in der diese aufgerufen wurde, und so fort. Gibt **false** zurück, wenn kein Aufrufer existiert.

do *Liste von Unterroutinen*

> Unübliche Form von **&***Unterroutine*.

goto &*Unterroutine*

> Ersetzt die aktuelle Unterroutine durch einen Aufruf von *Unterroutine*.

import *Modul* [[*Version*] *Liste*]

> Importiert die angegebenen Unterroutinen aus *Modul*.

no *Modul* [*Liste*]

> Widerruft importierte Semantik. Siehe auch **use**.

package *Name*

> Deklariert den Rest des aktuellen Blocks als ein Paket.

require *Ausdr*†

> Wenn *Ausdr* numerisch ist, muß Perl mindestens die angegeben Version haben. Ansonsten muß *Ausdr* der Name einer Datei sein, die aus der Perl-Bibliothek eingefügt wird. Sie kann allerdings nicht mehrfach eingebunden werden, und es führt zu einer Fehlermeldung, wenn die Datei nicht zu **true** evaluiert. Wenn *Ausdr* ein Wort ohne Suffix ist, wird **.pm** als Extension für die Datei angenommen.

return *Ausdr*

> Kehrt mit dem angegebenen Wert aus einer Unterroutine zurück.

sub *Name* { *Ausdr* ; ... }

> Definiert *Name* als Unterroutine. Parameter werden durch Referenz übergeben als Array **@_**. Gibt den Wert des letzten evaluierten Ausdrucks zurück.

[**sub**] BEGIN { *Ausdr*, ... }

> Definiert einen Initialisierungsblock, der vor der Ausführung aufgerufen wird.

[**sub**] END { *Ausdr*, ... }

> Definiert einen Beendigungsblock, der vor dem Beenden aufgerufen wird.

tie *Var, Paket,* [*Liste*]

> Bindet eine Variable an ein Paket, das für sie zuständig ist. Kann verwendet werden, um eine dbm- oder ndbm-Datei an ein Hash zu binden.

untie *Var*   Hebt die Bindung zwischen einem Paket und einer Variable auf.

use *Modul* [[*Version*] *Liste*]

> Importiert Semantik vom angegebenen Modul in das aktuelle Paket.

Objektorientierte Programmierung

Perl hat einige Regeln für die objektorientierte Programmierung:

- Ein Objekt ist einfach nur eine Referenz, die zufällig weiß, zu welcher Klasse sie gehört. Objekte sind „erleuchtet", Referenzen nicht.
- Eine Klasse ist ein Paket, das Methoden zur Verfügung stellt, um Objektreferenzen zu behandeln. Wenn ein Paket keine Methode zur Verfügung stellt, werden die in @ISA aufgeführten Basisklassen durchsucht.
- Eine Methode ist eine Unterroutine, die als erstes Argument eine Objektreferenz erwartet (bei statischen Methoden einen Paketnamen).

Methoden können wie folgt angewendet werden:

> *Methode Objektref Parameter* oder
>
> *Objektref->Methode Parameter*

Arithmetische Funktionen

abs *Ausdr*† Gibt den absoluten Wert des Operanden zurück.

atan2 *y, x* Gibt den Arkustangens von y/x im Bereich von -Pi bis Pi zurück.

cos *Ausdr*† Gibt den Kosinus von *Ausdr* zurück (im Bogenmaß).

exp *Ausdr*† Gibt **e** in der *Ausdr*-ten Potenz zurück.

int *Ausdr*† Gibt den Ganzzahlanteil von *Ausdr* zurück.

log *Ausdr*† Gibt den natürlichen Logarithmus (zur Basis **e**) von *Ausdr* zurück.

rand [*Ausdr*] Gibt eine zufällige rationale Zahl zwischen 0 und dem Wert von *Ausdr* zurück. Wenn *Ausdr* fehlt, wird ein Wert zwischen 0 und 1 zurückgegeben.

sin *Ausdr*† Gibt den Sinus von *Ausdr* zurück (im Bogenmaß).

sqrt *Ausdr*† Gibt die Quadratwurzel von *Ausdr* zurück.

srand [*Ausdr*] Setzt den Ausgangswert des Zufallszahlengenerators.

time Gibt die Anzahl von Sekunden seit dem 1. Januar 1970 zurück. Zur Übergabe an **gmtime** und **localtime** geeignet.

Umwandlungsfunktionen

chr *Ausdr*† Gibt das Zeichen zurück, das durch den Dezimalcode *Ausdr* repräsentiert wird.

gmtime *Ausdr*†

Wandelt eine Zeit im von **time** übergebenen Format in ein Feld mit 9 Elementen um (0:$sec, 1:$min, 2:$hour, 3:$mday, 4:$mon, 5:$year, 6:$wday, 7:$yday, 8:$isdst), wobei GMT gilt.

$mon liegt im Bereich von 0 - 11 und $wday im Bereich von 0 - 6.

hex *Ausdr*†   Gibt den Dezimalwert des Hexstrings *Ausdr* zurück.

localtime *Ausdr*†
: Wandelt die von **time** zurückgegebene Zeit in einen *ctime*(3)-String um. Im Arraykontext liefert **localtime** ein Array mit 9 Elementen, wobei die lokale Zeitzone gilt.

oct *Ausdr*†   Gibt den Dezimalwert des Oktalstrings *Ausdr* zurück. Beginnt *Ausdr* mit **0x**, wird der String statt dessen als Hexzahl interpretiert.

ord *Ausdr*†   Gibt den ASCII-Wert des ersten Zeichens von *Ausdr* zurück.

vec *Ausdr, Offset, Bits*
: Behandelt den String *Ausdr* als Vektor aus vorzeichenlosen Ganzzahlen und gibt den Teil an der Stelle *Offset* zurück. *Bits* kann dabei Zweierpotenzen von 1 bis 32 annehmen. Kann auch einen Wert zugewiesen bekommen.

Strukturumwandlungen

pack *template, Liste*
: Packt die übergebenen Werte in eine binäre Struktur, wobei die Schablone *template* verwendet wird.

unpack *template, Ausdr*
: Packt die Struktur *Ausdr* in einem Feld aus, wobei die Schablone *template* verwendet wird.

template ist in beiden Fällen eine Zeichenfolge aus den folgenden Zeichen:

a / A	ASCII-String, mit Null-/Leerzeichen aufgefüllt
b / B	Bitfolge in steigender/fallender Reihenfolge
c / C	nativer/vorzeichenloser Zeichenwert
f / d	Fließkommazahl einfacher/doppelter Genauigkeit
h / H	Hexstring, beginnend mit niederwertigem/höherwertigem Nibble
i / I	vorzeichenbehaftete/vorzeichenfreie Ganzzahl
l / L	vorzeichenbehaftetes/vorzeichenfreies Langwort
n / N	Wort/Langwort in Big-Endian-Darstellung
s / S	vorzeichenbehaftetes/vorzeichenfreies Wort
u / p	mit UUencode kodierter String/Pointer auf einen String
v / V	Wort/Langwort in Little-Endian-Darstellung
x / @	Nullbyte/Nullfüller bis Position
X	ein Byte zurück

Jedem Zeichen darf dabei eine Dezimalzahl folgen, die die Zahl der Wiederholungen angibt, der Stern steht dabei für alle noch folgenden Zeichen. Wenn dem Format %*n* vorangeht, gibt **unpack** statt dessen eine *n*-bit-Prüfsumme. Leerzeichen dürfen verwendet werden, um die Lesbarkeit zu erhöhen.

Stringfunktionen

chomp *Liste*† Entfernt die Zeilenenden von allen Elementen der Liste, gibt die Anzahl der entfernten Zeichen zurück.

chop *Liste*† Entfernt das letzte Zeichen von allen Elementen der Liste, gibt das letzte entfernte Zeichen zurück.

crypt *Text, Salt*
> Verschlüsselt einen Text.

eval *Ausdr*†
> *Ausdr* wird geparst und als Perl-Programm ausgeführt. Der zurückgegebene Wert ist der des letzten ausgewerteten Ausdrucks. Wenn ein Syntax- oder Laufzeitfehler auftritt, gibt **eval** einen undefinierten String zurück, und $@ wird auf die Fehlermeldung gesetzt. Siehe auch unter **eval** im Abschnitt „Diverses".

index *Str, Substr* [, *Offset*]
> Gibt die Position von *Substr* in *Str* (ggf. erst ab *Offset*) zurück. Wenn der Teilstring nicht gefunden wird, wird -1 zurückgegeben (aber siehe auch $[unter „Spezielle Variablen").

length *Ausdr*† Gibt die Anzahl von Zeichen in *Ausdr* zurück.

lc *Ausdr* Gibt *Ausdr* kleingeschrieben zurück.

lcfirst *Ausdr* Gibt *Ausdr* mit kleingeschriebenem Anfangsbuchstaben zurück.

quotemeta *Ausdr*
> Gibt *Ausdr* zurück, wobei alle Metazeichen für reguläre Ausdrücke gequotet sind.

rindex *Str, Substr* [, *Offset*]
> Gibt die Position des letzten Auftretens von *Str* rechts von *Offset* zurück.

substr *Ausdr, Offset* [, *Länge*]
> Extrahiert einen String der angegebenen *Länge* an der Stelle *Offset* aus *Ausdr* und gibt ihn zurück. Wenn *Offset* negativ ist, wird vom Ende des Strings gezählt. Kann auch einen Wert zugewiesen bekommen.

uc *Ausdr* Gibt *Ausdr* großgeschrieben zurück.

ucfirst *Ausdr* Gibt *Ausdr* mit großgeschriebenem Anfangsbuchstaben zurück.

Array- und Listenfunktionen

delete $Hash{ schlüssel}
> Löscht den angegebenen Wert aus der angegebenen Hash-Tabelle. Gibt den gelöschten Wert zurück (sofern *Hash* nicht an ein Paket gebunden wurde, das dies nicht unterstützt).

each %*Hash* Gibt ein Feld aus zwei Elementen zurück, das aus dem Hash-Schlüssel und dem Wert des nächsten Elements der Hash-Tabelle besteht.

> Die Einträge werden in scheinbar zufälliger Reihenfolge zurückgegeben. Wenn alle Elemente des Feldes übergeben wurden, wird ein Nullfeld zurückgegeben. Beim nächsten Aufruf von **each** beginnt das Auslesen dann von vorne.

exists *Ausdr*† Überprüft, ob der angegebene Hash-Schlüssel in seinem Hash-Feld existiert.

grep *Ausdr, Liste*

grep *Block Liste*

> Evaluiert *Ausdr* oder *Block* für jedes Element der *Liste*, wobei $_ lokal auf das Element zeigt. Änderungen an $_ ändern das zugehörige Element der *Liste*. Gibt ein Feld aus den Elementen der *Liste* zurück, für die *Ausdr* zu **true** evaluierte.

join *Ausdr, Liste*

> Fügt die Einzelstrings der *Liste* zu einem einzigen String zusammen, wobei die Felder durch den Wert von *Ausdr* getrennt sind, und gibt diesen zurück.

keys %*Hash* Gibt ein Feld aller Schlüssel des angegebenen Hashs zurück.

map *Ausdr, Liste*

map *Block Liste*

>Evaluiert *Ausdr* oder *Block* für jedes Element der *Liste*, wobei **$_** lokal auf das Element zeigt. Änderungen an **$_** ändern das zugehörige Element der *Liste*. Gibt die Liste der Ergebnisse zurück.

pop *@Feld*   Entfernt den letzten Wert des Feldes und gibt ihn zurück.

push *@Feld, Liste*

>Legt die Werte von *Liste* am Ende des Feldes ab.

reverse *Liste*   Gibt im Feldkontext die Elemente von *Liste* in umgekehrter Reihenfolge zurück. Gibt im skalaren Kontext das erste Element der *Liste* mit umgekehrter Bytefolge zurück.

scalar *@Feld*   Gibt die Anzahl von Elementen des Feldes zurück.

scalar *%Hash*   Gibt den Wert **true** zurück, wenn das Hash definierte Elemente enthält.

shift [*@Feld*]

>Schiebt den ersten Wert des Feldes heraus und gibt ihn zurück, wobei sich alle anderen Elemente um eins nach unten bewegen. Wenn *@Feld* fehlt, wird in der Hauptroutine **@ARGV** und in den Unterroutinen **@_** verschoben.

sort [*Unterroutine*] *Liste*

>Sortiert die *Liste* und gibt den sortierten Wert des Feldes zurück. *Unterroutine* muß, wenn angegeben, Werte von kleiner 0, 0 oder größer 0 zurückgeben, wenn die Elemente voreinander, nebeneinander oder hintereinander einsortiert werden sollen (sie stehen der Unterroutine als **$a** und **$b** zur Verfügung). *Unterroutine* kann der Name einer benutzerdefinierten Routine oder ein *Block* sein.

splice @*Feld*, *Offset* [, *Länge* [, *Liste*]]
> Entfernt die Elemente von @*Feld*, die durch *Offset* und *Länge* definiert werden, und ersetzt sie durch *Liste* (sofern angegeben). Gibt die entfernten Elemente zurück.

split [*Muster* [, *Ausdr*† [, *Limit*]]]
> Teilt einen String in ein Feld von Strings und gibt dieses zurück. Wenn *Limit* angegeben ist, werden maximal so viele Felder erzeugt. Wenn *Muster* fehlt, trennt **split** an Whitespace. Steht **split** nicht im Arraykontext, gibt es die Anzahl von Feldern zurück und splittet nach @_. Siehe auch unter „Suche- und Ersetze-Funktionen".

unshift @*Feld*, *Liste*
> Stellt *Liste* an den Beginn von *Feld* und gibt die Anzahl von Elementen zurück, die nun im Feld sind.

values %*Hash*
> Gibt ein Feld zurück, das aus allen Werten in dem angegebenen Hash besteht.

Reguläre Ausdrücke

Jedes Zeichen paßt auf sich selbst, sofern es keines der besonderen Zeichen + ? . * ^ $ ( ) [ ] { } | \ ist. Die besondere Bedeutung dieser Zeichen kann durch ein vorangestelltes \ umgangen werden.

.	paßt auf ein beliebiges Zeichen, jedoch nicht auf einen Zeilenvorschub, solange es sich nicht um einen einzeiligen Vergleich handelt (siehe **m//s**).
(...)	fügt eine Folge von Musterelementen zu einem Element zusammen.
^	paßt auf den Anfang. Im Mehrzeilenmodus auch

	auf jeden Zeilenanfang (siehe auch **m//m**).
$	paßt auf das Zeilenende. Im Mehrzeilenmodus auch vor jedem Zeilenvorschub.
[...]	bezeichnet eine Gruppe von passenden Zeichen. [^...] negiert die Gruppe von Zeichen.
(...|...|...)	paßt auf eine beliebige Alternative.
(?# *Text*)	Kommentar
(?: *Regexp*)	Entspricht (*Regexp*), jedoch ohne Rückwärtsreferenz.
(?= *Regexp*)	Positive Look-Ahead-Bedingung.
(?! *Regexp*)	Negative Look-Ahead-Bedingung.

(? *Modifikator*)
: Eingefügter Modifikator für das Pattern-Matching. *Modifikator* kann dabei eines oder mehrere der Zeichen **i**, **m**, **s** oder **x** sein.

Quantifizierte Teilmuster passen so oft wie möglich. Wenn ihnen ein **?** folgt, passen sie so selten wie möglich. Dies sind die Quantifikatoren:

+	Läßt das vorangehende Musterelement einmal oder mehrmals passen.
?	paßt kein- oder einmal.
*	paßt keinmal bis mehrmals.
{*n,m*}	gibt die minimale (*n*) und maximale (*m*) Anzahl der Übereinstimmungen an. {*n*} bedeutet, daß exakt *n* Übereinstimmungen vorliegen müssen, {*n,*} bedeutet mindestens *n* Übereinstimmungen.

Ein \ übergeht jede spezielle Funktion des folgenden Zeichens, wenn es nicht alphanumerisch ist, aber es verleiht den meisten normalen Zeichen eine besondere Bedeutung:

\w	paßt auf alphanumerische Zeichen inklusive _, \W paßt auf nichtalphanumerische Zeichen.
\s	paßt auf Whitespace, \S paßt auf alles andere.

\d	paßt auf numerische Zeichen, \D auf alle anderen.
\A	paßt auf den Anfang eines Strings, \Z auf das Ende.
\b	paßt auf Wortgrenzen, \B auf alle anderen Stellen.
\G	paßt dort, wo die vorherige Suche mit m//g endete.

\n, \r, \f, \t, ...
: haben die übliche Bedeutung.

\w, \s und \d
: können auch in Zeichenklassen verwendet werden. \b bezeichnet in diesem Kontext ein Backspace.

Rückwärtsreferenzen:

\1 ... \9
: bezeichnen Teilübereinstimmungen innerhalb der Übereinstimmung, angeordnet in ( ).

\10 und höher
: kann ebenfalls verwendet werden, wenn das Muster entsprechend viele Teilausdrücke hat.

Siehe auch im Abschnitt „Spezielle Variablen" unter $1...$9, $+, $&, $` und $´.

Mit dem Modifikator x können Whitespaces in allen Mustern verwendet werden, um die Lesbarkeit zu erhöhen.

Suche- und Ersetze-Funktionen

[*Ausdr* =˜] [m] /*Muster*/ [g] [i] [m] [o] [s] [x]

: Durchsucht *Ausdr* (Default: $_) nach einem Muster. Wenn Sie ein m voranstellen, können Sie auch fast jedes andere Trennzeichenpaar verwenden. Wenn im Feldkontext verwendet, wird ein Feld zurückgeliefert, das aus den Teilausdrücken besteht, die von den Klammern im Muster bezeichnet werden, z.B. ($1, $2, $3, ...).

Optionale Modifikatoren: **g** erlaubt so viele Übereinstimmungen wie möglich, **i** sucht ohne Berücksichtigung von Groß/Kleinschreibung, **o** interpoliert Variablen nur einmal, **m** behandelt den String wie mehrere Zeilen, **x** erlaubt die Erweiterungen regulärer Ausdrücke.

Wenn *Muster* leer ist, wird das letzte Muster von einer Suche- oder Ersetze-Operation verwendet.

Mit **g** kann die Suche auch als Iterator in skalarem Kontext verwendet werden.

?*Muster*? Dies entspricht der normalen Suche mit /*Muster*/, abgesehen davon, daß es zwischen zwei Aufrufen des **reset**-Operators nur einmal paßt.

[$*Var* =˜] s/*Muster*/*Ersatz*/ [e] [g] [i] [m] [o] [s] [x]

Durchsucht einen String nach einem Muster und ersetzt es, sobald es gefunden ist, durch den Ersatztext. Zurückgegeben wird die Anzahl der vorgenommenen Ersetzungen, ansonsten **false**.

Optionale Modifikatoren: **g** ersetzt alle Vorkommen des Musters, **e** evaluiert den Ersatzstring als Perl-Ausdruck, die anderen Modifikatoren entsprechen denen der Suche-Operation. Statt der Schrägstriche kann auch fast jedes andere Trennzeichen verwendet werden. Wenn einfache Anführungszeichen verwendet werden, werden die Strings innerhalb der Trenner nicht interpoliert, ansonsten erfolgt eine normale Interpolation wie zwischen doppelten Anführungszeichen.

Wenn klammernde Trenner verwendet werden, können *Muster* und *Ersatz* jeweils eigene Trenner haben, z.B. **s(foo)[bar]**. Wenn *Muster* leer ist, wird das letzte Muster aus einer Suche- oder Ersetze-Operation verwendet.

[$*Var* =~] **tr**/*Suche-Liste*/*Ersetze-Liste*/[**c**] [**d**] [**s**]

Übersetzt alle Vorkommen eines Zeichens in der *Suche-Liste* mit dem entsprechenden Zeichen der *Ersetze-Liste*. Es gibt die Anzahl der ersetzten Zeichen zurück. **tr** kann auch durch **y** ersetzt werden.

Optionale Modifikatoren: **c** komplementiert die *Suche-Liste*, **d** löscht alle Zeichen in der *Suche-Liste*, die kein entsprechendes Zeichen in der *Ersetze-Liste* haben, **s** ersetzt alle Zeichenfolgen, die durch das gleiche Zeichen ersetzt werden, mit nur einem einzigen Zeichen.

pos *Skalar*   Gibt die Position, an der die letzte Suche mit **m**/ **/g** endete, für *Skalar* zurück. Kann auch einen Wert zugewiesen bekommen.

study [$*Var*†]

Führt eine vorbereitende Untersuchung der Variable $*Var* in bezug auf zahlreiche anstehende Mustersuchen in ihrem Inhalt durch, bevor die Variable das nächste Mal verändert wird.

Dateitestoperatoren

Diese unären Operatoren haben nur ein Argument, entweder den Namen oder das Handle einer Datei. Sie testen die entsprechende Datei auf Vorhandensein der getesteten Eigenschaft. Wenn das Argument fehlt, wird $_ getestet (außer bei **-t**, das die **Standardeingabe** prüft). Wenn das spezielle Argument _ (Unterstrich) übergeben wird, werden die Daten des letzten Tests oder des letzten Aufrufs von **stat** verwendet.

-r -w -x		Datei ist lesbar/schreibbar/ausführbar unter der effektiven UID/GID.
-R -W -X		Datei ist lesbar/schreibbar/ausführbar unter der realen UID/GID.
-o -O		Datei gehört der effektiven/realen UID.
-e -z		Datei existiert/hat Größe Null.
-s		Datei existiert und ist länger als 0 Bytes. Gibt Größe zurück.
-f -d		Datei ist normale(s) Datei/Verzeichnis.
-l -S -p		Datei ist ein symbolischer Link/ein Socket/eine mit (einem Datei-)Namen versehene Pipe (FIFO).
-b -c		Datei ist Block/Character-Devicedatei.
-u -g -k		Datei hat setuid/setgid/sticky-Bit gesetzt.
-t		Testet, ob das Dateihandle (Default: **Standardeingabe**) auf ein tty zeigt.
-T -B		Datei ist eine Textdatei/Binärdatei. -T und -B geben beide bei einer leeren Datei oder am Dateiende, wenn ein Dateihandle getestet wird, **true** zurück.
-M -A -C		Testet Datum der letzten Änderung/des letzten Zugriffs/der Inode. Gemessen in Tagen. Der übergebene Wert gibt das Dateialter zur Startzeit des Skripts zurück. Siehe auch unter **$^T** im Abschnitt „Spezielle Variablen".

Dateioperationen

Die Funktionen, die mit einer Liste von Dateien arbeiten, geben die Anzahl der Dateien zurück, bei denen sie erfolgreich waren.

chmod *Liste* Ändert die Zugriffsrechte für eine Liste von Dateien. Das erste Element der Liste muß die numerische Modusangabe sein.

chown *Liste* Ändert Eigentümer und Gruppe für eine Liste von Dateien. Die ersten beiden Elemente der Liste müssen die numerischen UID und GID sein.

truncate *Datei, Größe*
Kürzt die *Datei* auf die angegebene *Größe*. *Datei* kann entweder der Name oder das Handle einer Datei sein.

link *AlteDatei, NeueDatei*
Erzeugt einen Link auf die alte Datei unter dem neuen Namen.

lstat *Datei* Entspricht **stat**, folgt einem abschließenden symbolischen Link jedoch nicht.

mkdir *Dir, Modus*
Erzeugt ein Verzeichnis mit den angegebenen Zugriffsrechten. Bei Fehler wird $! gesetzt.

readlink *Ausdr*†
Gibt den Wert eines symbolischen Links zurück.

rename *AlterName, NeuerName*
Ändert den Namen einer Datei.

rmdir *Dateiname*†
Löscht das Verzeichnis, wenn es leer ist. Setzt bei Fehler $!.

stat *Datei* Gibt ein Feld mit 13 Elementen zurück (0:$dev, 1:$ino, 2:$mode, 3:$nlink, 4:$uid, 5:$gid, 6:$rdev, 7:$size, 8:$atime, 9:$mtime, 10:$ctime, 11:$blksize, 12:$blocks). *Datei* kann dabei ein Handle, ein zu einem Dateinamen evaluierender Ausdruck oder der Platzhalter _ sein, der durch die letzte bei einer Testoperation oder einem **stat**-Aufruf verwendete Datei ersetzt wird. Wenn **stat** fehlschlägt, wird eine leere Liste zurückgegeben.

symlink *AlteDatei, NeueDatei*
Legt einen neuen Namen der Datei als symbolischen Link auf den alten an.

unlink *Liste*   Löscht eine Liste von Dateien.

utime *Liste*   Ändert Zugriffs- und Änderungszeiten. Die ersten zwei Elemente der Liste müssen numerische Werte für den letzten Zugriff und die letzte Änderung sein.

Ein-/Ausgabe

In Ein-/Ausgabe-Operationen darf *Dateihandle* entweder ein Handle sein, wie es von der **open**-Operation zurückgeliefert wird, ein vordefiniertes Handle (z.B. **STDOUT**) oder eine skalare Variable, die zum Namen des zu verwendenden Dateihandles evaluiert.

<*Dateihandle*>
> Liest in skalarem Kontext eine einzelne Zeile aus der unter *Dateihandle* geöffneten Datei. Im Feldkontext wird die gesamte Datei gelesen.

<>
> Liest aus der Eingabe, die aus den in **@ARGV** angegebenen Dateien besteht, oder der Standardeingabe, wenn keine Argumente übergeben wurden.

binmode *Dateihandle*
> Stellt sicher, daß die unter *Dateihandle* geöffnete Datei im **Binärmodus** statt im **Textmodus** bearbeitet wird (unter UNIX eine Null-Operation).

close *Dateihandle*
> Schließt die mit dem *Dateihandle* assoziierte Datei oder Pipe.

dbmclose %*Hash*
> Überholt, verwenden Sie statt dessen **untie**.

dbmopen %*Hash*, *DbmName*, *Modus*
> Überholt, verwenden Sie statt dessen **tie**.

eof *Dateihandle*
> Gibt **true** zurück, wenn die nächste Leseoperation EOF liefern würde oder wenn die Datei nicht geöffnet ist.

eof Gibt den EOF-Status für die letzte gelesene Datei zurück.

eof( ) Gibt EOF für die aus den Dateien in der Kommandozeile geformte Pseudodatei an.

fcntl *Dateihandle, Funktion, $Var*
Implementiert *fcntl*(2). Die Funktion hat vom Standard abweichende Rückgabewerte.

fileno *Dateihandle*
Gibt den Dateideskriptor für die angegebene (offene) Datei zurück.

flock *Dateihandle, Operation*
Ruft *flock*(2) für die Datei auf. *Operation* wird durch Addition von 1 (shared), 2 (exclusive), 4 (non-blocking) und 8 (unlock) gebildet.

getc [*Dateihandle*]
Liefert das nächste Zeichen der Datei oder einen leeren String, falls die Datei zu Ende ist. Wenn *Dateihandle* fehlt, wird von der **Standardeingabe** gelesen.

ioctl *Dateihandle, Funktion, $Var*
Implementiert *ioctl*(2). Die Funktion hat vom Standard abweichende Rückgabewerte.

open *Dateihandle* [, *Dateiname*]
Öffnet eine Datei und ordnet ihr *Dateihandle* zu. Wenn der *Dateiname* fehlt, muß die skalare Variable, die denselben Namen wie das *Dateihandle* hat, den Dateinamen enthalten.

Die folgenden Konventionen für den Dateinamen gelten beim Öffnen einer Datei:

"*Datei*" öffnet *Datei* für die Eingabe. Auch "<*Datei*".

">*Datei*"

öffnet *Datei* für die Ausgabe, wobei es sie anlegt, wenn nötig.

"**>>** *Datei*"

> öffnet die *Datei* im Anfügemodus.

"**+>** *Datei*"

> öffnet die *Datei* zum Lesen und Schreiben.

"**|** *Kommando*"

> öffnet eine Pipe zum *Kommando*, führt ein Fork aus, wenn *Kommando* ein - ist.

"*Kommando*" **|**

> öffnet eine Pipe vom *Kommando*, führt einen Fork aus, wenn *Kommando* ein - ist.
>
> *Datei* darf auch **&***Dateihandle* sein, in diesem Fall wird das neue Dateihandle mit dem (zuvor geöffneten) Handle "*Dateihandle*" verknüpft. Wenn **&=***n* ist, wird *Datei* mit dem angegebenen Dateideskriptor verknüpft. **open** liefert bei Versagen **undef** zurück, anderenfalls **true**.

pipe *Lesehandle*, *Schreibhandle*

> Liefert ein Paar verbundener Pipes zurück.

print [*Dateihandle*] [*Liste*†]

> Gibt die Elemente von *Liste* aus, wobei sie nach Bedarf in Strings verwandelt werden. Wenn *Dateihandle* fehlt, wird per Default auf die Standardausgabe ausgegeben (oder in den letzten angewählten Ausgabekanal, siehe **select**).

printf [*Dateihandle*] [*Liste*]

> Äquivalent zu **print** *Dateihandle* **sprintf** *Liste*.

read *Dateihandle*, **$***Var*, *Anzahl* [, *Offset*]

> Liest der *Anzahl* entsprechend binäre Bytes aus der Datei in die *Variable* (ggf. an Position *Offset*). Gibt die Anzahl der tatsächlich gelesenen Bytes zurück.

seek *Dateihandle, Position, Whence*
: Wählt eine beliebige Position in der Datei aus. Gibt bei Erfolg true zurück.

select [*Dateihandle*]
: Gibt das derzeit ausgewählte Dateihandle zurück. Setzt das Defaulthandle für Ausgabeoperationen, wenn *Dateihandle* angegeben ist.

select *rbits, wbits, nbits, timeout*
: Führt den Systemaufruf *select*(2) mit diesen Parametern aus.

sprintf *Format, Liste*
: Gibt einen String zurück, der nach den üblichen *printf*(3)-Konventionen formatiert wurde.

sysread *Dateihandle,* $ *Var, Anzahl* [*, Offset*]
: Liest *Anzahl* Bytes an der Stelle *Offset* in die Variable *Var*.

syswrite *Dateihandle, Skalar, Anzahl* [*, Offset*]
: Schreibt *Anzahl* Bytes aus dem *Skalar* (ggf. ab *Offset*) in die Datei.

tell [*Dateihandle*]
: Gibt die aktuelle Position in der Datei zurück. Wenn *Dateihandle* fehlt, wird die zuletzt gelesene Datei angenommen.

Formate

formline *Schablone, Liste*
: Formatiert die *Liste* gemäß der *Schablone* und fügt das Ergebnis in **$^A** zusammen.

write [*Dateihandle*]
: Schreibt einen formatierten Datensatz in die angegebene Datei, wobei das mit dieser Datei assoziierte Format verwendet wird.

Formate werden wie folgt definiert:

    format [*Name*] =
    formatliste

formatliste gibt Zeilenschablonen an und enthält die Argumente, die den Feldern in den Zeilen ihre Werte geben. *Name* ist auf die **Standardausgabe** voreingestellt.

Schablonenfelder sind:

    @<<<   linksbündiges Feld, wiederholen Sie <, um die gewünschte Länge anzugeben

    @>>>   rechtsbündiges Feld

    @||| zentriertes Feld

    @#.##   numerisches Format mit vorgegebenem Dezimalpunkt

    @*   ein mehrzeiliges Feld

Verwenden Sie ^ statt @ für mehrzeiligen Blocksatz.

Verwenden Sie ~ am Anfang einer Zeile, um unerwünschte Leerzeilen zu vermeiden.

Verwenden Sie ~~ am Anfang einer Zeile, um diese Formatzeile zu wiederholen, bis alle Felder verwertet sind.

Setzen Sie **$-** auf Null, um beim nächsten Write einen Zeilenvorschub auszulösen.

Siehe auch **$^**, **$~**, **$^A**, **$^F**, **$-** und **$=** im Abschnitt „Spezielle Variablen".

Funktionen zum Lesen von Verzeichnissen

closedir *DirHandle*
: Schließt ein von **opendir** geöffnetes Verzeichnis.

opendir *DirHandle, DirName*
: Öffnet ein Verzeichnis unter dem angegebenen Handle.

readdir *DirHandle*
: Gibt den nächsten Eintrag (oder ein Feld von Einträgen) aus dem angebenen Verzeichnis zurück.

rewinddir *DirHandle*
: Positioniert das Verzeichnis auf den Anfang.

seekdir *DirHandle, Pos*
: Setzt die Position für ein **readdir** auf dieses Verzeichnis.

telldir *DirHandle*
: Gibt die aktuelle Position im Verzeichnis zurück.

Interaktion mit dem System

alarm *Ausdr*
: Sieht einen **SIGALRM** vor, der nach *Ausdr* Sekunden ausgelöst wird.

chdir [*Ausdr*]
: Wechselt das aktuelle Arbeitsverzeichnis. Verwendet **$ENV{"HOME"}** oder **$ENV{"LOGNAME"}**, wenn *Ausdr* fehlt.

chroot *Dateiname*†
: Wechselt das Rootverzeichnis für den Prozeß und die Kindprozesse.

die [*Liste*]
: Gibt den Wert der *Liste* auf die **Standardfehlerausgabe** aus und beendet das Programm mit dem aktuellen Wert von $! (errno). Wenn $! 0 ist, endet das Programm mit ($? >> 8). Ist auch das 0, endet das Programm mit dem Exitcode 255. Default für *Liste* ist „**Died**".

exec *Liste*   Führt das Systemkommando in *Liste* aus, kehrt nicht zurück.

exit [*Ausdr*]   Kehrt unmittelbar zum System zurück mit dem Wert aus *Ausdr* bzw. dem Default 0. Ruft **END**-Routinen und Objektdestruktoren auf, bevor das Programm verlassen wird.

fork   Führt die Systemroutine *fork*(2) aus. Gibt die Prozeß-ID des Kindprozesses an den Elternprozeß zurück und 0 an den Kindprozeß.

getlogin   Gibt den aktuellen Loginnamen zurück, wie er dem System bekannt ist.

getprgp [*pid*] Gibt die Prozeßgruppe für den Prozeß *pid* zurück. (Ist pid 0 oder wird keine Angabe gemacht, ist der aktuelle Prozeß gemeint.),

getppid   Gibt die Prozeß-ID für den Elternprozeß zurück.

getpriority *which, who*
  Gibt die Priorität für einen Prozeß, eine Prozeßgruppe oder einen Anwender zurück.

glob *Muster*   Gibt eine Liste von Dateinamen zurück, die auf das Shell-Muster passen.

kill *Liste*   Sendet ein Signal an eine Liste von Prozessen. Das erste Element der Liste muß das zu sendende Signal sein (entweder numerisch oder sein Name als String).

setpgrp *pid, pgrp*
  Setzt die Prozeßgruppe für den Prozeß *pid* (0 bezeichnet den aktuellen Prozeß).

setpriority *which, who, priority*
  Setzt die aktuelle Priorität für einen Prozeß, eine Prozeßgruppe oder einen Anwender.

sleep [*Ausdr*] Läßt das Programm für *Ausdr* Sekunden schlafen oder bei fehlendem *Ausdr* für immer. Gibt die Zahl von Sekunden zurück, die das Programm tatsächlich schlafend verbracht hat.

syscall *Liste* Ruft die Systemfunktion auf, die erstes Element der Liste ist, wobei der Rest der Liste in Form von Argumenten übergeben wird.

system *Liste* Entspricht exakt **exec** *Liste*, abgesehen davon, daß vorher ein Fork ausgeführt wird und der Elternprozeß schläft, bis der Kindprozeß abgeschlossen ist.

times Gibt ein Feld aus vier Elementen zurück (0:$user, 1:$system, 2:$cuser,3:$csystem), das die User- und Systemzeit für den Prozeß und die Kinder des Prozesses in Sekunden angibt.

umask [*Ausdr*]
Setzt die umask für den Prozeß und liefert die alte zurück. Wenn *Ausdr* fehlt, wird der aktuelle umask-Wert zurückgegeben.

wait Wartet auf die Beendigung eines Kindprozesses und liefert die Prozeß-ID des beendeten Prozesses zurück (-1, falls keiner existiert). Der Status wird in $? zurückgegeben.

waitpid *pid, flags*
Führt die gleiche Funktion wie der entsprechende Systemaufruf aus.

warn [*Liste*] Gibt wie **die** die Nachricht auf die *Standardfehlerausgabe* aus, beendet den Prozeß jedoch nicht. Default ist „**Warning: Something's wrong**".

Netzfunktionen

accept *Neuer_Socket, Allgemeiner_Socket*
Akzeptiert einen neuen Socket.

bind *Socket, Name*
Bindet *Name* an den *Socket*.

connect *Socket, Name*
Verbindet *Name* mit dem *Socket*.

getpeername *Socket*
> Gibt die Socketadresse am anderen Ende des *Sockets* zurück.

getsockname *Socket*
> Gibt den Namen des Sockets zurück.

getsockopt *Socket, Level, Optname*
> Gibt die Socketoptionen zurück.

listen *Socket, Queue-Größe*
> Geht am angegebenen *Socket* „auf Empfang".

recv *Socket, Skalar, Länge, Flags*
> Empfängt auf *socket* eine Nachricht.

send *Socket, Nachricht,* Flags [, *an*]
> Sendet eine Nachricht an *socket*.

setsockopt *Socket, Level, Optname, Optval*
> Setzt die entsprechende Socket-Option.

shutdown *Socket, how*
> Schließt einen *Socket*.

socket *Socket, Domain, Typ, Protokoll*
> Erzeugt einen *Socket* in *Domain* mit vorgegebenem *Typ* und *Protokoll*.

socketpair *Socket1, Socket2, Domain,* Typ, *Protokoll*
> Entspricht **socket**, erzeugt jedoch ein Paar bidirektionaler Sockets.

System V IPC

Sie müssen **require** "sys/ipc.ph" verwenden, bevor Sie die symbolischen Namen dieser Operationen benutzen können.

msgctl *id, cmd, args*
> Ruft *msgctl*(2) auf. Wenn *cmd* &IPC_STAT ist, muß *args* eine Variable sein.

msgget *Schlüssel, Flags*
> Erzeugt eine Message-Queue für *Schlüssel*. Gibt den Identifikator der Queue zurück.

msgsnd *id, Nachricht, Flags*
> Sendet *Nachricht* an die Queue *id*.

msgrcv *id, $Var, Größe, Typ, Flags*
> Empfängt eine Nachricht aus der Queue *id* in die Variable *Var*.

semctl *id, semnum, cmd, arg*
> Ruft *semctl*(2) auf. Wenn *cmd* **&IPC_STAT** oder **&GETALL** ist, muß *arg* eine Variable sein.

semget *Schlüssel, nsems, Größe, Flags*
> Erzeugt einen Satz Semaphore für *Schlüssel*. Gibt den Identifikator zurück.

semop *Schlüssel, ...*
> Führt Semaphor-Operationen durch.

shmctl *id, cmd, arg*
> Ruft *shmctl*(2) auf. Wenn *cmd* **&IPC_STAT** ist, muß *arg* eine Variable sein.

shmget *Schlüssel, Größe, Flags*
> Erzeugt einen Speicherbereich für gemeinsamen Zugriff. Gibt den Identifikator für das Speichersegment zurück.

shmread *id, $Var, Position, Größe*
> Gibt maximal *Größe* Bytes aus dem Inhalt des gemeinsamen Speichersegments *id* ab Offset *Position* in die Variable *Var* aus.

shmwrite *id, string, Position, Größe*
> Schreibt maximal *Größe* Bytes aus *string* in den Inhalt des gemeinsamen Speichersegments *id* an die angegebene *Position*.

Diverses

defined *Ausdr* Prüft, ob der Wert *Ausdr* tatsächlich einen Wert hat.

do *Dateiname*

Führt *Dateiname* als Perl-Skript aus. Siehe auch unter **require** im Abschnitt „Unterroutinen, Pakete und Module".

dump [*Label*]

Sofortiger Coredump. Läuft bei Reinkarnation bei *Label* weiter.

eval { *Ausdr*, ... }

Führt den Code zwischen { und } aus. Laufzeitfehler werden wie bei **eval** (*Ausdr*) unter „Stringfunktionen" erläutert.

local *Var*

local (*Liste*) Legt den Gültigkeitsbereich der Variablen als lokal für den Block, die Unterroutine oder das **eval**-Statement fest.

my *Var*

my (*Liste*) Legt den lexikalischen Gültigkeitsbereich der Variablen als lokal für den Block, die Unterroutine oder das **eval**-Statement fest.

ref *Ausdr*† Gibt **true** zurück, wenn *Ausdr* eine Referenz ist. Gibt den Paketnamen zurück, wenn *Ausdr* mit **bless** einem Paket zugeordnet wurde.

reset [*Ausdr*]

Setzt Suchen mit ?? zurück, so daß sie erneut arbeiten. *Ausdr* ist dabei eine Liste einzelner Buchstaben. Alle Variablen und Felder, die mit diesen Buchstaben beginnen, werden dabei auf ihren ursprünglichen Zustand zurückgesetzt. Betrifft ausschließlich das aktuelle Paket.

scalar *Ausdr* Erzwingt die Evaluation von *Ausdr* in skalarem Kontext.

undef [*lvalue*]
Löscht die Definition von *lvalue*. Gibt immer den undefinierten Wert zurück.

wantarray Gibt **true** zurück, wenn der aktuelle Kontext einen Feldwert erwartet.

Information aus Systemdateien

passwd

Gibt ($name, $passwd, $uid, $gid, $quota, $comment, $gcos, $dir, $shell) zurück.

endpwent Beendet das Nachsehen in der passwd-Datei.

getpwent Holt die Informationen über den nächsten User.

getpwnam *name*
Holt Informationen nach Namen.

getpwuid *uid* Holt Informationen nach User-ID.

setpwent Beginnt mit dem Nachsehen wieder von vorne.

group

Gibt ($name, $passwd, $gid, $members) zurück.

endgrent Beendet das Nachsehen in der group-Datei.

getgrgid *gid* Holt Informationen nach Group-ID.

getgrnam *name*
Holt Informationen nach Gruppenname.

getgrent Holt Informationen über die nächste Gruppe.

setgrent Beginnt mit dem Nachsehen wieder von vorne.

hosts

Gibt ($name,$aliases,$addrtype,$length,@addrs) zurück.

endhostent Beendet das Nachsehen in der hosts-Datei.

gethostbyaddr *addr, addrtype*
        Holt Informationen nach IP-Adresse.

gethostbyname *name*
        Holt Informationen nach Hostnamen.

gethostent   Holt Informationen über den nächsten Host.

sethostent *stayopen*
        Beginnt mit dem Nachsehen wieder von vorne.

networks

Gibt ($name, $aliases, $addrtype, $net) zurück.

endnetent   Beendet das Nachsehen in der networks-Datei.

getnetbyaddr *addr, type*
        Holt Informationen nach Adresse und Typ.

getnetbyname *name*
        Holt Informationen nach Netzwerknamen.

getnetent   Holt Informationen über das nächste Netz.

setnetent *stayopen*
        Beginnt mit dem Nachsehen wieder von vorne.

services

Gibt ($name, $aliases, $port, $proto) zurück.

endservent   Beendet das Nachsehen in der services-Datei.

getservbyname *name, proto*
        Holt Informationen nach Name des Service.

getservbyport *port, proto*
        Holt Informationen nach Port des Service.

getservent   Holt Informationen über den nächsten Service.

setservent *stayopen*
        Beginnt mit dem Nachsehen wieder von vorne.

protocols

Gibt ($name, $aliases, $proto) zurück.

endprotoent   Beendet das Nachsehen in der protocols-Datei.

getprotobyname *name*
: Holt Informationen nach Namen des Protokolls.

getprotobynumber *Nummer*
: Holt Informationen nach Nummer des Protokolls.

getprotoent Holt Informationen über das nächste Protokoll.

setprotoent *stayopen*
: Beginnt mit dem Nachsehen wieder von vorne.

Spezielle Variablen

Die folgenden Variablen sind global und sollten in Unterroutinen lokalisiert werden:

$_	Defaulteingabe und Suchraum für Mustersuche.
$.	Die aktuelle Eingabezeilennummer der zuletzt gelesenen Datei.
$/	Der Eingabeseparator, per Default Zeilenvorschub. Kann auch mehrere Zeichen beinhalten.
$,	Der Ausgabefeldseparator für den print-Operator.
$"	Der Separator, der Feldelemente verbindet, die in einen String interpoliert wurden.
$\	Der Ausgabedatensatzseparator für den print-Operator.
$#	Das Ausgabeformat für Zahlen. Überholt.
$*	Auf 1 setzen, um Mehrzeilenvergleich für Strings zu aktivieren. Überholt, siehe auch die Modifikatoren **m** und **s** bei den „Suche- und Ersetze-Operationen".
$?	Der vom letzten `...`-Kommando, Pipe-**close** oder **system**-*Aufruf* zurückgegebene Status.
$]	Die Versionsnummer von Perl, z.B. 5.001.

Spezielle Variablen

$[	Der Index des ersten Elements eines Feldes und des ersten Zeichens in einem Teilstring. Default ist 0. Überholt.
$;	Der Separator für die Emulation mehrdimensionaler Felder. Default ist \034.
$!	In numerischem Kontext der aktuelle Wert von **errno**. In Stringkontext der entsprechende Fehlertext.
$@	Die Perl-Fehlermeldung vom letzten **eval**- oder **do**-*Ausdr*-Kommando.
$:	Die Menge der Zeichen, nach denen ein String getrennt werden darf, um Fortsetzungsfelder (mit ^ beginnend) in einem Format zu füllen.
$0	Der Name der Datei, die das aktuelle Perl-Skript beinhaltet. Kann einen Wert zugewiesen bekommen.
$$	Die Prozeß-ID des aktuell ausgeführten Perl-Programms. Wird durch **fork** (für den Kindprozeß) verändert.
$<	Die reale UID des Prozesses.
$>	Die effektive UID des Prozesses.
$(	Die reale GID des Prozesses.
$)	Die effektive GID des Prozesses.
$^A	Der Akkumulator für **formline**- und **write**-Operationen.
$^D	Die Debug-Flags, die Perl mit -D übergeben wurden.
$^F	Der höchste Systemdateideskriptor, normalerweise 2.
$^I	Edit-Erweiterung, wie sie Perl mit -i übergeben wurde.

$^L   Seitenvorschubzeichen, wie es in Formaten verwendet wird.

$^P   Internes Debugging-Flag.

$^T   Die Zeit, zu der das Programm gestartet wurde (wie von **time** geliefert). Dieser Wert wird von den Dateitestoperatoren -M, -A und -C verwendet.

$^W   Der Wert der -w-Option, wie er Perl übergeben wurde.

$^X   Der Name, unter dem das gerade ausgeführte Programm gestartet wurde.

Die folgenden Variablen sind kontextabhängig und müssen nicht lokalisiert werden:

$%   Die aktuelle Seitenzahl des jeweils selektierten Ausgabekanals.

$=   Die Seitenlänge des aktuellen Ausgabekanals. Voreingestellt sind 60 Zeilen.

$-   Die Anzahl Zeilen, die noch auf der Seite verbleibt.

$~   Der Name des aktuellen Report-Formats.

$^   Der Name des aktuellen Seitenanfang-Formats.

$| Sorgt nach jeder write- oder print-Operation für einen Flush auf den aktuellen Ausgabekanal, wenn ungleich 0.

$ARGV   Der Name der aktuellen Datei, wenn von < > gelesen wird.

Die folgenden Variablen sind immer lokal zum jeweiligen Block:

$&   Der String, für den bei der letzten Mustersuche Übereinstimmung festgestellt wurde.

$`   Der String, der der letzten Übereinstimmung voranging.

$´   Der String, der der letzten Übereinstimmung folgt.

$+	Die letzte Klammer, die mit dem letzten Suchmuster übereinstimmte.
$1...$9...	enthalten die Teilmuster des zuletzt gefundenen Musters. $10 und höher sind nur verfügbar, wenn die Übereinstimmung entsprechend viele Teilmuster enthielt.

Spezielle Felder

@ARGV	Enthält die Kommandozeilenargumente für das Skript (ohne den Kommandonamen).
@EXPORT	Benennt die Methoden, die ein Paket per Default exportiert.
@EXPORT_OK	
	Benennt die Methoden, die ein Paket auf explizite Anforderungen exportieren kann.
@INC	Enthält eine Liste von Verzeichnissen, in denen gesucht wird, wenn ein Perl-Skript durch **do** *filename* oder **require**-Kommandos ausgeführt wird.
@ISA	Liste der Basisklassen eines Pakets.
@_	Parameterfeld für Unterroutinen. Wird auch von **split** verwendet, sofern nicht im Feldkontext.
%ENV	Enthält die aktuelle Umgebung.
%INC	Liste der Dateien, die mit **require** oder **do** eingefügt wurden.
%OVERLOAD	
	Kann verwendet werden, um Operatoren in einem Paket zu überladen.
%SIG	Wird verwendet, um Signalhandler für verschiedene Signale zu definieren.

Umgebungsvariablen

Perl verwendet die folgenden Umgebungsvariablen:

HOME
: Wird verwendet, wenn **chdir** kein Argument hat.

LOGDIR
: Wird verwendet, wenn **chdir** kein Argument hat und **HOME** nicht gesetzt ist.

PATH
: Wird bei der Ausführung von Subprozessen verwendet und beim Finden des Perl-Skripts, wenn -S verwendet wird.

PEL5LIB
: Eine durch Doppelpunkte getrennte Liste von Verzeichnissen, in denen Perl-Bibliotheken gesucht werden, bevor Perl in der Standard-Bibliothek und im aktuellen Verzeichnis nachsieht.

PERL5DB
: Das Kommando, um den Debugger-Code zu erhalten. Voreingestellt auf BEGIN { **require** ´perl5db.pl´ }.

PERLLIB
: Wird statt **PERL5LIB** verwendet, wenn diese nicht definiert ist.

Der Perl-Debugger

Der symbolische Perl-Debugger wird mit **perl -d** aufgerufen.

h
: Gibt einen Hilfstext aus.

T
: Gibt eine Stackansicht aus.

s
: Einzelschritte.

n
: Einzelschritte um einen Unterroutineaufruf herum.

[Eingabetaste]
: wiederholt letztes **s** oder **n**.

r
: kehrt aus der aktuellen Unterroutine zurück.

c [*Zeile*]
: Weiter (bis zur Zeile oder zum nächsten Breakpoint oder bis exit).

p *Ausdr*
: Gibt *Ausdr* aus.

l [*Bereich*]	Gibt einen Bereich von Zeilen aus. *Bereich* kann eine Zahl sein, Start-Ende, Start+Anzahl oder Name einer Unterroutine. Wenn *Bereich* fehlt, wird das nächste Fenster aufgelistet.
w	Gibt das Fenster um die aktuelle Programmzeile aus.
-	Gibt das vorherige Fenster erneut aus.
f *Datei*	Wechselt in *Datei* und beginnt mit ihrer Auflistung.

l *Unterroutine*
    Listet die angegebene Unterroutine auf.

S	Listet die Namen aller Unterroutinen auf.
/*Muster*/	Sucht vorwärts nach *Muster*.
?*Muster*?	Sucht rückwärts nach *Muster*.

b [*Zeile* [*Bedingung*]]
    Setzt einen Breakpoint bei *Zeile*, Default ist aktuelle Zeile.

b *Unterroutine* [*Bedingung*]
    Setzt einen Breakpoint auf die entsprechende Unterroutine.

d [*Zeile*]	Löscht den Breakpoint an der angegebenen Zeile.
D	Löscht alle Breakpoints.
L	Listet Zeilen, die Breakpoints oder Aktionen definiert haben, auf.

a *Zeile Kommando*
    Setzt eine Aktion für eine Zeile.

A	Löscht alle Aktionen.

< *Kommando*
    Setzt eine Aktion, die vor jedem Prompt des Debuggers ausgeführt wird.

> *Kommando*
    Setzt eine Aktion, die vor jedem **s**-, **c**- oder **n**-Kommando ausgeführt wird.

V [*Paket* [*Variable*]]
: Listet alle Variablen eines Pakets auf. Default ist **main**.

X [*Variable*] Wie **V**, jedoch für das aktuelle Paket.

! [[-]*Nummer*]
: Führt einen Befehl erneut aus. Voreingestellt ist der vorhergehende Befehl.

H [-*Anzahl*] Gibt die letzten -*Anzahl* Befehle mit mehr als einem Buchstaben aus.

t Schaltet den Trace-Modus an und aus.

= [*Alias Wert*]
: Definiert einen Alias bzw. listet die aktuellen Aliases auf.

q Beendet den Debugger.

Befehl Führt *Befehl* als eine Perl-Anweisung aus.